ARTE GÓTICA

Arte na Idade Média

© 2013 do texto por Edna Ande e Sueli Lemos
Instituto Callis
Todos os direitos reservados.
1ª edição, 2013

TEXTO ADEQUADO ÀS REGRAS DO NOVO ACORDO ORTOGRÁFICO DA LÍNGUA PORTUGUESA

Coordenação editorial: Miriam Gabbai
Revisão: Aline T.K.M. e Ricardo N. Barreiros
Ilustração: Marco Antonio Godoy
Projeto gráfico e diagramação: Thiago Nieri
Crédito das imagens: Dreamstime (capa e pp. 8, 11, 13, 14, 16, 17, 20, 21, 22, 23 e 24); Arquivo pessoal (pp. 15, 18 e 19);
Domínio público (pp. 25, 26, 27, 29, 30 e 31); DIOMEDIA/Heritage Images (p. 28).

CIP-BRASIL. CATALOGAÇÃO-NA-FONTE
SINDICATO NACIONAL DOS EDITORES DE LIVROS, RJ

A557a

Ande, Edna
    Arte gótica / Edna Ande, Sueli Lemos ; ilustração Marco Antonio Godoy. - 1. ed. -
São Paulo : Instituto Callis, 2013.
    32 p. : il. ; 25 cm.   (Arte na idade média ; 5)

    Inclui bibliografia
    Sumário
    ISBN 978-85-98750-85-9

    1. Arte gótica. I. Lemos, Sueli. II. Godoy, Marco Antonio. III. Título. IV. Série.

13-03408   CDD: 709
                                                           CDU: 7(09)

30/07/2013   31/07/2013

ISBN 978-85-98750-85-9

Impresso no Brasil

2013
Distribuição exclusiva de Callis Editora Ltda.
Rua Oscar Freire, 379, 6º andar • 01426-001 • São Paulo • SP
Tel.: (11) 3068-5600 • Fax: (11) 3088-3133
www.callis.com.br • vendas@callis.com.br

Edna Ande e Sueli Lemos

Arte na Idade Média

ARTE GÓTICA

callis

SUMÁRIO

APRESENTAÇÃO 7

INTRODUÇÃO 9

ARTE GÓTICA 10

ARQUITETURA 11

    Os elementos fundamentais do estilo gótico 12

    O gótico francês 13

        Abadia de Saint-Denis 13

        Catedral de Notre-Dame 14

    O gótico italiano 16

        Catedral de Milão 16

    O gótico inglês 17

        Catedral de Canterbury 17

ESCULTURA 18

ALGO A MAIS – AS ESCULTURAS DA CATEDRAL DE REIMS 20

VITRAL, A LUMINOSIDADE DIVINA 22

    Arco ogival 22

    Catedral de Chartres 23

    Catedral de Sainte-Chapelle 24

PINTURA 25

    Os livros iluminados da aristocracia 28

    As iluminuras como registro das catástrofes da época 29

        A peste negra 29

        A Inquisição 30

        A Guerra dos Cem Anos 31

BIBLIOGRAFIA 32

Apresentação

A Idade Média é um período de difícil definição, pois está situada entre a nostalgia da Idade Antiga e o orgulho da Idade Moderna.

A arte na Idade Média será mostrada dentro de um contexto histórico. Não aquele que muitos historiadores dizem ser a idade das trevas, mas, sim, um período de mudanças sociais e riquezas artísticas que nos levarão a perceber como as obras de arte influenciaram a sociedade dessa época.

Mostraremos como os povos desse período adaptaram novos métodos de arte às suas necessidades religiosas, já que a religião era o refúgio dos oprimidos.

Compararemos as diferenças que a arte apresenta em mil anos de Idade Média. Escolhemos esse caminho para estimular o leitor a pensar na importância da arte desse período dentro da história universal, percebendo e realizando as leituras das imagens por uma via de fácil entendimento.

Assim como fizemos na coleção "Arte na Idade Antiga", ler imagens continua sendo nosso objetivo. Seus significados, relacionados a sentimentos, pensamentos e percepções, desencadeiam discussões por meio de olhares distintos.

Também, não nos esqueçamos de que os artistas são grandes comunicadores por meio do visual; não necessitam das palavras, pois a iconografia é imediatista, muito rica e nos faz viajar.

Convidamos o leitor a nos acompanhar nesta viagem pela Idade Média e a decifrar os códigos de uma época tão misteriosa!

As autoras

Imagem da fachada da Catedral de Reims.

Quem é este personagem?
Por meio de qual linguagem artística ele está representado?
Você consegue perceber traços de humanização nesta divindade?

Introdução

O livro *Arte gótica* nos leva a perceber como é importante a ligação que existe entre História e Arte e como essa ligação nos ajuda a entender diversos aspectos sociais e culturais da vida humana.

É um trabalho muito desafiador por se tratar de um período histórico que durante algum tempo foi estudado com um *pré-conceito* típico dos renascentistas. Esses diziam que essa época foi marcada por "escuridão", "trevas", sem um desenvolvimento técnico e científico considerável para a história da humanidade.

As pesquisas de Sueli Lemos e Edna Ande, nesta obra, mostram justamente o contrário. O surgimento desse estilo artístico na Idade Média e todas as marcas deixadas pela produção gótica (principalmente na arquitetura), até os dias atuais, só comprovam que nem tudo estava nas "trevas" durante esse período, pois seria impossível erguer essas exuberantes construções sem o mínimo do desenvolvimento e conhecimento técnico. E passados tantos bombardeios, guerras e terremotos, muitas delas estão inteiras até hoje, firmes e fortes.

Este livro mostra também que a ligação entre História e Arte, dita acima, é de fundamental importância para que possamos entender o funcionamento das sociedades daquela época em seus aspectos mais íntimos, como por exemplo, valores, crenças, modos de agir de um povo, anseios, frustações, medos, ou seja, nos dá informações que não podemos encontrar em documentos oficiais e informações importantíssimas para entendermos toda estrutura da sociedade medieval.

Sempre acreditei que o trabalho de um historiador pode ser comparado ao de um grande montador de quebra-cabeças. O historiador tenta montar fatos do passado no presente, vai buscando as peças e tenta encaixá-las.

Ao ler este livro, percebi que aqui tem mais uma peça importantíssima do período medieval, que certamente ajudará a entendermos melhor a época, de maneira que possamos perceber que a Idade Média foi, sim, um período muito rico para a história humana. A prova disso está nesta obra, vale muito a pena a leitura.

Valdir Felix C. Gonçalves
Mestre em História Política pela Unesp

ARTE GÓTICA

Um novo estilo de arte, denominado gótico, surgiu inicialmente em Île-de-France (França), no final do século XII, em paralelo à arte românica. Difundiu-se progressivamente por toda a Europa, impondo novas soluções arquitetônicas, e permaneceu em alguns territórios até o século XVI.

O termo gótico vem da palavra "godos" e só foi utilizado no século XVI pelos artistas renascentistas para denominar esse estilo de arte que se desenvolveu na época dos bárbaros. A origem desse termo não está diretamente relacionada com os godos, antigos povos germânicos que invadiram o Império Romano no século V. Supõe-se que gótico, de alguma forma, remeta a "bárbaro", isto é, um estilo surgido para designar genericamente uma arte considerada de mau gosto, exótica, carregada de apelos decorativos e exagerada na altura de suas torres.

O estilo gótico difundiu-se por toda a Europa com grande variedade de formas, adaptando-se às tradições de cada região. Ao chegar a um determinado país, encontrava ali outras tendências, fazendo com que demorasse mais a ser incorporado.

O gótico, assim como o românico, caracterizou-se por ser um estilo grandioso de construções religiosas e foi, por excelência, a arte das magníficas catedrais. Esse novo estilo pouco influenciou a arquitetura italiana, que ainda se mantinha apegada ao antigo estilo românico, exceto, como se verificou, na construção da Catedral de Milão.

Com o declínio da vida agrícola e a desintegração do feudalismo, surgiu um surto de urbanização; nesse momento, as cidades se encontravam mais livres para novos experimentos. Cada cidade da Europa ocidental tratou de erguer uma catedral cuja torre fosse a mais alta possível, não somente para melhor atrair o olhar de Deus mas também como uma forma de competição entre as cidades vizinhas.

Surge, então, o trabalho artesanal assalariado, que substituiu o trabalho servil. Os construtores passaram a ser remunerados e apareceu uma nova profissão, a de mestre de obras. As construções das igrejas já não estavam somente a cargo do clero, mas, sim, nas mãos de homens laicos que se expressavam mais livremente. Exemplo disso é a escultura do anjo com sorriso enigmático da Catedral de Reims, em Paris (ver página 8).

Paris se engrandeceu com o fortalecimento do comércio, transformando-se rapidamente no maior centro cultural do século XIII. Houve uma concentração de artistas vindos do mundo inteiro, muitas escolas, e a formação da Universidade Eclesiástica, em 1215. O estilo gótico representava um novo espírito, preocupava-se, sobretudo, com as relações entre o homem e a natureza. Esse primeiro renascimento passaria a marcar os destinos da arte ocidental.

ARQUITETURA

Ao contrário dos sólidos edifícios românicos, a arquitetura gótica sugere leveza, elevação a Deus e espiritualidade; isso tudo por meio dos mais altos arcos ogivais, abóbadas e torres que a tecnologia da época permitia.

O período do final do século XII ao século XIII foi marcado pelas grandes catedrais, consideradas símbolos de pedra da fé cristã. Tais construções deveriam erguer-se acima de todos os outros edifícios da cidade, de forma a se sobressairem como centros sociais e religiosos. O nome catedral surgiu da palavra "cátedra", que é o local onde se senta o bispo para presidir as celebrações solenes.

A principal característica da arquitetura gótica é o predomínio da verticalidade sobre a horizontalidade. Isso foi possível graças à substituição do arco semicircular da igreja românica pelo arco ogival, alterando toda a dinâmica do edifício. As altas construções se libertaram das paredes grossas e passaram a apresentar paredes mais finas, com enormes vitrais e rosáceas; as delgadas colunas de pedra sustentavam o peso do teto com o auxílio de dois suportes externos, o contraforte e o arcobotante. Graças à utilização desses elementos, tornou-se possível a construção das mais altas e exuberantes catedrais do período.

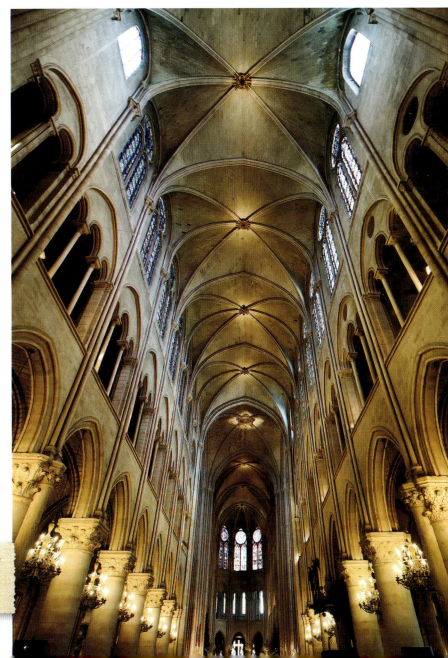

Interior da Catedral de Notre-Dame de Paris.

Os elementos fundamentais do estilo gótico

Arcobotante – arco, ou meio arco, que escora o peso da abóbada, ligando-se ao contraforte.

Abóbada – formada pelo cruzamento de arcos ogivais.

Pináculos – arcos pontiagudos.

Gárgulas – animais monstruosos que dão acabamento às calhas por onde escoa a água dos telhados.

Rendilhado – decoração que preenche a parte superior das janelas e rosáceas.

Vitrais – grandes janelas decoradas com vidros coloridos por onde entram a luz.

Contraforte – parede de apoio, seu peso neutraliza a pressão causada pela abóbada.

O gótico francês

Abadia de Saint-Denis

Saint-Denis é o santo padroeiro da França e, de acordo com a lenda, foi o primeiro bispo de Paris. No século VII, foi fundada a Abadia de Saint-Denis e um mosteiro beneditino; a igreja se tornou um local de peregrinação, além de ser o mausoléu dos reis franceses.

Por volta de 1140, o abade Suger (1081-1151) reconstruiu partes da abadia usando características estruturais e decorativas inovadoras. O novo estilo arquitetônico foi registrado em um diário do abade, onde ele relatava a necessidade de uma nova igreja para abrigar as multidões que se aglomeravam em Saint-Denis nos dias de festa.

Suger iniciou a reconstrução com uma fachada monumental, cujos contrafortes maciços dividiam a fachada em três entradas distintas, que se estendiam por todo o comprimento da igreja. Acima das portas laterais, no alto, havia duas torres gêmeas. Hoje, resta apenas uma delas – a outra torre foi demolida no século XIX devido a uma má orientação na reconstrução.

Abadia de Saint-Denis.

Diretamente acima do portal central, há uma grande janela, permitindo que a luz natural ilumine o nártex; sobre ela vemos outra janela – chamada rosácea –, redonda e de um novo tipo, feita com vitrais.

A inovação dessas janelas consiste na luz que, ao transpassá-las, é filtrada pelos vidros coloridos, projetando-se para o interior da igreja. Na rosácea, conjugam-se o trabalho do escultor e o do vitralista.

Atualmente, apenas o coro, a fachada ocidental, o nártex e o deambulatório conservam as formas do projeto original. A planta em forma de cruz passa despercebida quando observada do exterior.

Esses elementos foram fundamentais para a configuração de um novo estilo que começou em torno de Paris e que se difundiu por toda a Europa.

Catedral de Notre-Dame

A Catedral de Notre-Dame é uma das mais antigas de Paris. Sua construção foi iniciada no ano de 1136, com o bispo Maurício de Sully, e só foi concluída em 1272, graças à generosidade do povo de Paris, que auxiliou a construção por meio de donativos. O edifício é consagrado à Virgem Maria, mãe de Jesus, e apresenta uma variedade de estilos que se deve à participação de inúmeros arquitetos durante sua longa construção.

As catedrais eram verdadeiras "Bíblias em pedra"; os ensinamentos bíblicos encontram-se representados por toda a igreja, nas esculturas, nos entalhes e nos vitrais. Os portais de entrada representam a obra de Cristo e se convertem em uma imensa proclamação de otimismo.

A harmonia da Catedral de Notre-Dame é fruto da concentração de todos os profissionais que participaram dessa grande obra, como os mestres carpinteiros, ferreiros, vidreiros e construtores. Suas portas de madeira são ornamentadas com folhagens, fazendo da entrada um jardim do paraíso aberto aos homens.

A catedral serviu de inspiração para o escritor Victor Hugo ao criar o romance *Notre-Dame de Paris*, também conhecido como *O Corcunda de Notre-Dame*, que relata uma série de acontecimentos na catedral durante a Idade Média.

As quimeras no topo da catedral assistiram silenciosamente a muitos fatos históricos da Paris medieval até os dias de hoje.

Fachada da Catedral de Notre-Dame.

Quimeras – também conhecidas como gárgulas, embora sua função não seja a de desaguadouro, e sim de ornamentação; seu significado era de que o demônio nunca dormia, exigindo a vigilância de todos.

Rendilhados – são entalhes, recortes ou relevos semelhantes à renda, usados como elemento decorativo.

Gárgulas – cujo termo deriva de "garganta" ou "gargalo", são desaguadouros de águas pluviais ornamentados com figuras monstruosas.

Rosácea – possui 13 metros de diâmetro e 18 de altura e é composta por vitrais coloridos nos quais predomina a cor azul, iluminando a igreja.

Galeria dos reis – é composta por 28 estátuas de 3,5 metros de altura cada uma. As estátuas podem ser representações tanto de figuras do Antigo Testamento como de monarcas franceses.

Portais de entrada – apresentam três arcos ogivais, construídos em épocas diferentes, cujas esculturas neles incrustadas descrevem a salvação do mundo.

Arquitraves – possuem dois níveis onde aparecem cenas da vida de Maria e de seus pais, Ana e Joaquim.

Portal da Virgem – pertence ao século XIII e revela imagens dedicadas a Maria, com cenas da Anunciação e de sua Ascensão aos Céus.

Portal central – é o mais novo; datado do século XVIII, explica em juízo as virtudes e os vícios dos homens.

Portal de Santa Ana – destacam-se, no tímpano, as esculturas de Maria e seu filho, ladeadas pelas do bispo Maurice e do rei Luís VII.

Catedral de Milão, Itália.

O gótico italiano

Catedral de Milão

O gótico italiano foi uma mescla do estilo românico com o estilo gótico francês. Os italianos preferiam voltar seus olhos para a arte oriental bizantina, em vez de buscar orientação em Paris; portanto, no século XIII as igrejas italianas ainda eram decoradas com magníficos mosaicos. Algumas igrejas não eram tão altas a ponto de necessitarem de arcobotantes para a sustentação. A decoração era sóbria, principalmente nas igrejas de ordens monásticas que tinham como regra a simplicidade e a pobreza, por exemplo, a Igreja de Santa Maria Novella.

Foi na Catedral de Milão que o gótico italiano adquiriu toda a sua beleza. A construção iniciou-se em 1386; todo em mármore, seu exterior apresenta exuberante decoração que leva ao extremo o aspecto plástico do estilo gótico. Em dimensão, é uma das maiores igrejas góticas que existem. Foi apenas em 1813 que a construção foi dada por finalizada.

Sua fachada não apresenta torres laterais; uma forma triangular moderadamente elevada em relação à largura é ampliada por cinco portais, levando às cinco naves da igreja. A atual fachada data do século XVII, pois os contrafortes mostram-se coroados com altas agulhas.

O telhado possui vários terraços com diferentes níveis de altura. As laterais e a parede externa da abside são ricamente decoradas por estátuas e gárgulas intercaladas por contrafortes e arcobotantes alternados com janelas.

A verticalidade é acentuada pelos contrafortes que terminam em agulhas. Estas sustentam figuras de santos, e na agulha central encontra-se a figura da Madona.

A catedral é atualmente um importante ponto turístico de Milão, a visitação inclui o espaço interior e ainda é possível vislumbrar toda a cidade do alto de seus terraços.

O gótico inglês

Catedral de Canterbury

As catedrais inglesas apresentam estilo próprio, que aceita as construções francesas e as adapta progressivamente às condições próprias do país.

Ao contrário do modelo francês, aqui os braços do transepto são maiores e salientes em relação ao corpo do edifício. A catedral inglesa era feita para ser vista de longe, para ser admirada como uma joia incrustada no espaço livre de um imenso gramado verde, ao contrário da catedral francesa, que se misturava ao burburinho das cidades.

Canterbury foi uma das primeiras criações do estilo gótico inglês, tendo sido reconstruída em 1174, após um desastroso incêndio. Em sua reconstrução foram usadas múltiplas molduras para a decoração das formas arqueadas e verticais e a aplicação de pilastras decorativas. O gótico inglês se diferencia do francês também por conferir maior importância à ornamentação. Um exemplo disso é o teto do claustro que vemos na imagem abaixo; uma série de nervuras se abre como um leque até alcançar o teto, formando a abóbada em cálice. O efeito é extraordinário, é algo como andar por uma alameda repleta de palmeiras.

Teto do claustro da Catedral de Canterbury.

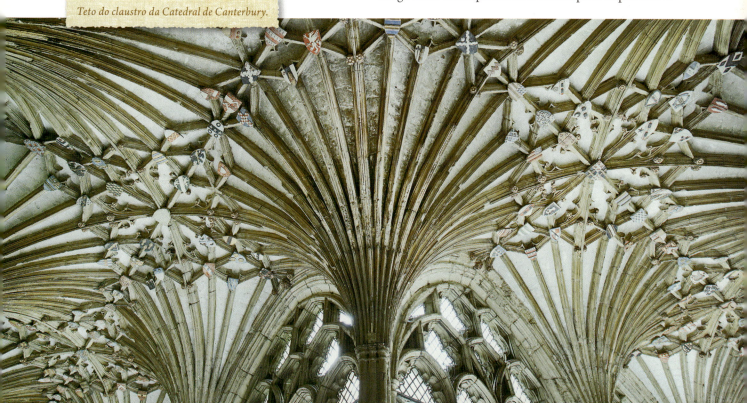

Escultura

Apesar de ligada à arquitetura, a escultura gótica mantinha sua autonomia e também uma autêntica expressividade; além de enriquecer as construções, documentava em pedra os aspectos de uma vida religiosa cada vez mais humanizada.

Tal autonomia levou o escultor a trabalhar em seu próprio ateliê e, somente quando a obra encontrava-se terminada, ele a colocava no edifício. Desse modo, a peça se individualizava e recebia o mesmo cuidado que a construção, diferentemente do escultor românico, que trabalhava a pedra no próprio edifício e tinha que enquadrar seu desenho a ele.

As esculturas eram verdadeiros documentos que registravam as transformações do período. O homem, que passou a ser a medida de todas as coisas, emprestou às divindades suas formas e roupagens, humanizando-as.

O edifício da igreja passou a ser um espelho do mundo, refletindo os fenômenos e a história da cristandade. Tudo isso leva o observador a compreender um relato dos séculos passados, em que as imagens exerciam poder sobre o pensamento das pessoas, encorajando-as para a fé e ensinando-as sobre a doutrina.

Observem na imagem abaixo as esculturas das arquivoltas, que têm proporções reduzidas para que seu volume não destrua o ritmo da ogiva. As pesquisas mostram que as esculturas das catedrais eram pintadas com um colorido vivo e brilhante. Nossa Senhora aparecia em dourado, os demônios em negro, os anjos sempre na cor branca e as roupas dos santos sempre muito coloridas. Esse colorido não chegou até nós devido à ação do tempo.

Esculturas do portal central, transepto sul, da Catedral de Chartres.

O tema desse portal é o Juízo Final; do lado esquerdo, as almas bem-aventuradas são elevadas ao céu pelos anjos, e do lado direito, grosseiros diabinhos carregam os pecadores para o inferno.

Cristo como mestre é a figura central do tímpano. Mais abaixo, em forma de colunas, vemos as figuras dos apóstolos.

As esculturas inovam ao se apresentarem em forma de estátuas-colunas, cujos ombros e quadris comprimidos as tornam esguias. Com ritmo humano, elas modulam as paredes criando um conjunto harmônico, disposto nas fachadas das igrejas como se fossem guardiões celestes.

Na imagem ao lado, da esquerda para a direita, vemos um grupo formado pelo sacerdote Melquisedec, Abraão com seu filho Isaac, Moisés segurando as Tábuas da Lei, Samuel e Davi.

Essas estátuas-colunas apresentam características naturalistas com uma expressividade individual; elas se projetam para além das colunas, com seus braços afastados do corpo e a cabeça voltada para direções diferentes. Os preguedos das túnicas caem sobre os corpos de maneira variada, dando movimento e leveza às obras.

As figuras estão apoiadas sobre outras esculturas menores, cuja simbologia está relacionada com seu respectivo personagem.

Nesse grupo de esculturas, destaca-se Abraão oferecendo seu filho Isaac para sacrifício a Deus, como prova de obediência. O pequeno Isaac, de pés e mãos atados, está colocado sobre os pés de seu pai. Os dois olham atentamente para o alto, confiantes no sacrifício; com uma das mãos, Abraão afaga ternamente a face de Isaac e, com a outra, segura a faca do sacrifício, cuja lâmina foi quebrada pelo anjo do Senhor.

Deus envia um anjo para impedir que Abraão mate seu próprio filho, providenciando um cordeiro para ser sacrificado em seu lugar. O animal encontra-se simbolizado sobre os pés de Abraão.

Imagem do umbral esquerdo no portal central, transepto norte, da Catedral de Chartres.

19

As esculturas da Catedral de Reims

Algo a mais

Diferentemente da Catedral de Chartres, a Catedral de Reims, na região de Champagne, na França, traz esculturas mais robustas do que as esguias e delicadas de Chartres. Para substituir as configurações lineares e duras das décadas anteriores, os escultores buscaram recursos estilísticos na origem clássica.

As estátuas-colunas que ornamentam a Catedral de Reims datam do período entre 1220 e 1240 e revelam uma nova concepção na qual os personagens são individualizados e humanizados, adquirindo maior força expressiva.

Um exemplo importante é o anjo que, sorrindo enigmaticamente, transmite uma felicidade pacífica e demonstra perfeito equilíbrio com a natureza.

O sorriso é uma das coisas que mais chama a atenção nessa figura, pois parece meio malicioso, como o sorriso de uma criança levada. Ao contrário da seriedade das esculturas religiosas, essa transmite alegria, um sentimento que contagia a todos que a veem.

Podemos observar na imagem ao lado, na escultura do anjo sorridente, uma composição corporal muito semelhante à das esculturas gregas. As asas carregam resquícios de tinta, o que reafirma que essas esculturas eram pintadas. Observe também a diferença de tonalidade nas esculturas e na fachada da catedral, a tonalidade mais clara indica que a obra foi restaurada.

Anjo sorridente da porta central, ao lado direito, no conjunto da Anunciação e Visitação.

Vitral, a luminosidade divina

O vitral era um requintado elemento decorativo amplamente utilizado nas catedrais, cujo ideal estético foi marcado pela luminosidade colorida e pela narrativa de cenas bíblicas.

Os vitrais substituíram a pintura mural como ornamentação da iconografia religiosa. Concebidos com a finalidade de iluminar o ambiente, suas cores filtram a luz solar e criam milhares de manchas coloridas com significado espiritual, transformando a igreja em um espaço místico propício ao recolhimento e à prece.

Essa arte inicia-se no século XIII e se extingue no início do século XVI, período em que houve uma evolução das formas, da técnica e da cor.

Execução dos vitrais: o mestre do ateliê, encarregado de criar os desenhos em cartões, preparava os vidros recortando-os em pedaços pequenos, de acordo com as necessidades do desenho. Posteriormente, unia-os com uma cinta de chumbo que, ao mesmo tempo, criava o contorno.

Os primeiros vitrais utilizavam cores escassas, com predomínio de vermelhos, azuis, púrpuras e verdes; aos poucos, a gama de cores se amplia e a espessura do vidro diminui, o que favorece a colocação do vidro duplo de cores diferentes de forma a criar um novo cromatismo. Somente no final do século XV, consegue-se representar a cor da pele, favorecendo o naturalismo das composições.

Os espaços decorativos da catedral, preenchidos pela luminosidade dos vitrais, criam nos fiéis a sensação de que a luz do céu vem ao seu encontro.

A França atinge a expressão máxima dos vitrais e torna-se uma grande exportadora para toda a Europa. No país, destacam-se os conjuntos das catedrais de Chartres e Sainte-Chapelle.

Arco ogival

O arco ogival é um arco quebrado, formado por curvas que se encontram em um ângulo ligeiramente agudo. Desempenha um papel fundamental na estrutura das construções góticas. Quando utilizado no teto, são cruzados, formando as abóbadas; nas janelas, a ogiva se transforma em motivos ornamentais, criando uma verticalidade estrutural e mística, símbolo entre o humano e o divino.

Na imagem ao lado, vê-se alguns exemplos de molduras com formatos geométricos e florais onde os vidros devem ser encaixados, formando os vitrais.

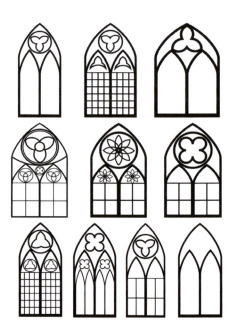

Catedral de Chartres

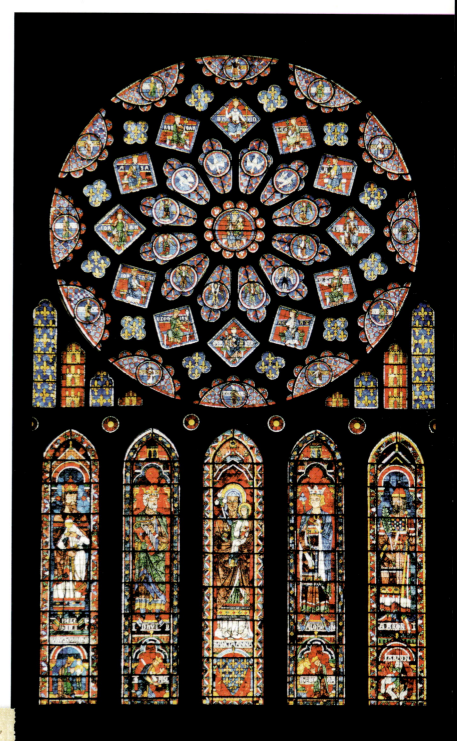

Muitos acreditam que a Catedral de Chartres é um dos conjuntos mais completos do que deve ser a verdadeira catedral gótica. Apesar de ter passado por um terrível incêndio em 1194, sua reconstrução – que se deu de 1210 a 1230 – trouxe de volta toda a beleza das esculturas e dos vitrais.

Os vitrais da catedral, colocados em paredes de pedra, são gigantescos manuscritos transparentes e iluminados. Eles contam a história da *Bíblia*, bem como histórias da vida cotidiana de pessoas que foram doadoras e que contribuíram para a confecção do grande número de janelas.

O grande vitral ao lado, obra de artistas anônimos, apresenta na rosácea norte a Glorificação da Virgem. No círculo central, Santa Ana leva em seus braços a Virgem Maria; sobre suas cabeças, voam quatro pombas divinas e angelicais.

As figuras que circundam a rosácea são profetas, os 12 reis de Judá e os doadores, São Luís da França e Branca de Castela.

Na parte inferior, no vitral central, vê-se a Virgem com o Menino Jesus no colo; nos vitrais laterais, estão personagens do Antigo Testamento, rendendo homenagens à mãe de Jesus.

Vitrais da Catedral de Chartres, séculos XII e XIII, França.

Catedral de Sainte-Chapelle.

Catedral de Sainte-Chapelle

A construção da Sainte-Chapelle – pelo rei Luís IX, em Paris – teve início em 1241 e seu término se deu em 1248. A catedral é muito famosa por sua transparência multicolorida – mais de três quartos de sua estrutura externa são compostos por vitrais – e é considerada pelos franceses uma caixa de joias de pedra e vidro.

Também conhecida como "paredes de luz", sua construção marcou uma nova etapa no desenvolvimento dos vitrais, pois apresentou inovação nos padrões dos rendilhados e no aumento das rosáceas; as janelas (bem mais altas e esguias) levaram ao aumento do número de vitrais. Verdadeira maravilha de luminosidade, a Sainte-Chapelle deve sua fama ao conjunto de vitrais multicoloridos cujos tons de azul e vermelho mudam a cada hora do dia, predominando o tom violeta, característico dessa igreja.

Como a maior parte das vidraçarias do século XIII, nenhum vitral da Sainte-Chapelle é assinado. Foi por meio da análise de estilo que o historiador de arte Louis Grodecki (1910-1982), especialista em vitrais, concluiu que os trabalhos realizados entre 1242 e 1248 teriam sido feitos por três ateliês distintos ao mesmo tempo, uma vez que os desenhos apresentam características diferentes.

Observem na imagem acima como os altos vitrais conseguiram substituir as paredes de pedra, dando leveza e luminosidade ao ambiente.

Pintura

A pintura gótica abre um novo capítulo na história da arte, marcando a transição da Idade Média para o Renascimento. Em suas obras, os artistas transmitiam uma maior percepção do espaço tridimensional e grande expressividade na emoção humana.

A pintura foi a última manifestação artística a assimilar o estilo gótico. A pintura gótica surgiu na Itália, no final do século XIII, pelas mãos do artista florentino Cimabue (1240-1302) – primeiro pintor a receber a influência da arte clássica e a libertar a pintura italiana do geométrico estilo bizantino.

Em sua obra, a figura atinge medidas mais próximas da realidade, além de não abandonar a sinuosidade das linhas e criar uma maior percepção do espaço tridimensional.

Um exemplo é a obra ao lado, uma têmpera sobre madeira, onde a Virgem carrega o Menino Jesus no colo, rodeada de anjos. A pintura apresenta influências bizantinas ao manter a frontalidade dos personagens e o dourado como cor de fundo e dos halos. Ao mesmo tempo, o artista já apresenta na obra uma nítida preocupação com o realismo ao representar a figura humana.

As figuras possuem um volume corporal acentuado pelo drapeado das roupas e pelo jogo de claro-escuro, e seus rostos apresentam leve naturalidade. A colocação dos personagens na cena, entretanto, não mostra de forma plena a ideia de profundidade do espaço.

As obras mais importantes de Cimabue foram feitas para a Igreja de São Francisco de Assis, mas também realizou trabalhos para outras igrejas – como o que vemos ao lado, feito para a Igreja de Pisa e que hoje se encontra no Museu do Louvre, em Paris.

A Virgem e o Menino Jesus, rodeados por seis anjos (1295-1300), Cimabue.

25

Um grande aprendiz de Cimabue foi Giotto di Bondone (1267-1337) que, ainda muito jovem, foi trabalhar com seu mestre no ateliê em Florença. Giotto foi considerado um inovador da pintura italiana e o precursor do Renascimento, tendo criado sua própria linguagem expressiva para comunicar os conteúdos sagrados. Trabalhou em Assis, Roma, Florença e Nápoles; seus melhores trabalhos estão na Igreja de São Francisco de Assis e na capela particular de Henrique Scrovegni, em Pádua. Os afrescos pintados nas paredes da igreja contam a vida de Cristo a partir de uma sequência narrativa, como uma verdadeira história em quadrinhos em tamanho grande.

Fugindo completamente das imposições hierárquicas da arte bizantina, Giotto fez do homem o foco das cenas que pintava, dando-lhe como ambiente o mundo real. Criou figuras mais humanas e individuais, nas quais os santos impressionavam por terem expressões de gente comum.

Em sua pintura, Giotto empregava recursos cênicos, além de elaborar uma composição equilibrada onde as cenas eram tridimensionais e apresentavam vários planos sucessivos, como se cada quadro fosse um palco em miniatura.

Giotto obteve fama e prestígio enquanto vivo, chegou a ser citado por Dante em sua *Divina comédia*, que o descreveu como o maior artista vivo de seu tempo. Foi também reconhecido por poetas e cronistas como o fundador de uma nova arte.

Detalhe da obra Encontro no portão dourado, *Giotto, Capela Arena, Pádua, 1303-1306.*

No detalhe da obra acima, Giotto transmite ternura e impacto emocional de forma convincente ao mostrar a intimidade do encontro dos pais de Maria, Joaquim e Ana.

O casal que se abraça é unido pelo halo que circunda suas cabeças, e pelas mãos de Ana, que seguram delicadamente a cabeça de Joaquim. Seu sentido afetuoso torna a cena comovente, pois o motivo do abraço é que o casal, anteriormente estéril, acaba de ser visitado por um anjo que lhe contara a graça divina. Ana em breve dará à luz Maria.

Nessa cena, Giotto representa os santos com características humanas, pois antes de serem santos eram homem e mulher comuns, que seguiram o caminho do Senhor.

Nesta obra, o intenso poder expressivo de transmitir emoção humana é apresentado ao leitor em uma cena dramática, relacionada com a perseguição ordenada por Herodes, o Grande, que tinha como objetivo matar o Menino Jesus. A cena é composta por vários focos dramáticos que dão veracidade à obra.

Herodes, no alto da torre junto com seus sacerdotes, mostra toda sua autoridade ordenando a matança das crianças.

No terceiro plano, os grupos de soldados incertos fecham todos os acessos, proibindo a fuga das mães desesperadas.

A cena de fundo mostra um céu uniforme de cor anil contrastando com a brancura dos edifícios, que já apresentam ligeira perspectiva.

Os dois cavalos parecem olhar para Herodes, o causador de toda aquela dor.

O massacre dos inocentes, Giotto. Afresco da Igreja de São Francisco de Assis, 1310.

Em segundo plano e como figura central, estão os impiedosos criminosos na ação de executar os inocentes, retirando-os dos braços de suas mães.

No primeiro plano, a pilha de crianças mortas registra o horror da cena. As mães desoladas se contrapõem nas laterais, contorcendo seus corpos devido ao desespero, de forma a enfatizar a dor.

Neste grupo de mães que tenta desesperadamente livrar seus filhos do massacre, o desespero está refletido na expressão das bocas e dos olhos.

Os livros iluminados da aristocracia

Iluminura de Christine de Pisan em seus estudos, século XV.

Desde a época de Carlos Magno, homens e mulheres já cultivavam o gosto pela leitura, e a apropriação do saber pela aristocracia estava na aquisição do manuscrito mais raro e mais luxuoso.

A preferência dessa classe estava na literatura histórica e nos romances. Entre seus leitores estava Henrique I (1126-1181), Conde de Champagne, que financiava os poetas e os artistas para que escrevessem seus tão apreciados livros. Sua corte tornou-se um renomado centro literário e as ilustrações desses livros eram feitas pelos maiores artistas da época.

Foi em meados do século XII que surgiu o romance em verso, escrito em língua vulgar e destinado a ser lido em voz alta. Isso mostra o desejo da aristocracia em adquirir cultura.

As leituras individuais e silenciosas eram destinadas ao clero e aos eruditos, enquanto que a leitura oral era dirigida aos analfabetos.

Por volta do século XIII, surgiu a preocupação de disseminar a alfabetização entre as crianças e moças. A participação da mulher na cultura escrita se fez pela escritora e filósofa Christine de Pisan (1363-1430). As mulheres liam, escreviam e criavam suas próprias bibliotecas, e seu gosto era voltado aos romances e obras religiosas. Já os homens preferiam os textos políticos e históricos.

Na iluminura ao lado, vemos Christine de Pisan sentada próximo a uma escrivaninha, fazendo anotações, usando caneta e tinteiro da época; ao seu lado descansa um pequeno cão branco.

Existe uma preocupação do artista em retratar a perspectiva do ambiente, mostrando o interior do edifício por meio de um arco, embora as linhas usadas não correspondam à real perspectiva.

O fundo da ilustração está decorado com desenhos florais em azul e dourado, e a decoração da página é moldurada com linhas sinuosas preenchidas por motivos florais.

As iluminuras como registro das catástrofes da época

Paris tornara-se a capital da iluminura. Nicolas Verdun (1130-1205), ourives francês e artista de iluminuras do século XII, destacou em seus trabalhos a observação da natureza e a representação da vida cotidiana da corte, da cidade e do campo. A produção dessas iluminuras vai até a Renascença, quando passaram a ser substituídas pela gravura – que popularizou o livro ilustrado, adotando novas formas artísticas e adquirindo novas funções sociais.

Foi por meio desses livros ilustrados que passamos a conhecer os registros da História e entramos em contato com acontecimentos tão importantes cujos relatos – de guerras, da Inquisição, da peste – a arte fez questão de ilustrar. Tais acontecimentos acabaram por marcar o fim da Baixa Idade Média.

A peste negra

Essa trágica doença foi responsável por devastar cerca de um terço da população da Europa ocidental do século XIV. Transmitida pelo rato, a peste negra, também conhecida como peste bubônica, foi uma epidemia devastadora que afligiu tanto o corpo como o imaginário da população.

Trazida da Ásia, a peste se espalhou pela Europa pelas rotas dos comerciantes; o contato humano com a doença deu-se principalmente pela mordida de ratos ou pela pulga que se alojava neles. A doença atingia a corrente sanguínea e o sistema respiratório, causando edemas na pele e desencadeando inchaço. A morte era rápida e dolorosa.

Desconhecendo as origens e o tratamento para a doença, muitos culpavam os grupos sociais marginalizados, como os judeus, os estrangeiros e os leprosos, considerando-os causadores da peste. No entanto, a doença se espalhou com tamanha rapidez devido às condições precárias de higiene nas quais viviam a população dos ambientes urbanos.

Desesperados, os cristãos acreditavam que a doença era um castigo de Deus para punir e exterminar os hereges e os pecadores.

A ilustração abaixo, do século XIV, mostra as vítimas da peste negra recebendo como tratamento as bênçãos de um clérigo.

Observe como o artista se preocupou em retratar as erupções na pele dos doentes.

Ilustração da Peste Negra na Bíblia de Toggenburg.

A Inquisição

A Inquisição Medieval foi um movimento religioso que surgiu, aproximadamente, em 1140, e consistiu na perseguição aos hereges, isto é, a qualquer pessoa ou grupo que desafiava os dogmas da Igreja. Os primeiros a serem perseguidos foram os cátaros – grupo de pessoas que viviam em uma aldeia no sul da França e que seguiam uma seita alternativa que os considerava como sendo os verdadeiros cristãos.

Também conhecida como Santa Inquisição, essa espécie de tribunal, criada pelo papa Gregório IX e posto em prática pelos monges, ia contra os praticantes de outra seita ou religião, atos de bruxaria, blasfêmia contra a Igreja, práticas religiosas consideradas indecentes ou ideologias humanistas.

A perseguição durou cerca de 600 anos e seu apogeu se deu no século XVIII, mas os registros mostram alguns massacres e punições realizados a partir do século XII contra os albigenses, os cátaros, os valdenses e os templários. Existem documentos que relatam detalhes dessas perseguições, autorizações do uso de torturas, bem como da criação de instrumentos para sua realização.

Esse terrível episódio da História é considerado por muitos como um período de trevas na Idade Média, pois o temido tribunal perseguiu e condenou líderes, mártires e grandes homens que, visionários de uma época futura, denunciaram o excesso de poder e a corrupção que exercia a Igreja da época.

Na iluminura abaixo, as figuras que ardem na fogueira representam os templários, condenados pela Inquisição, acusados de heresia, blasfêmia e práticas religiosas indecentes.

A perseguição aos templários era comum, pois a Igreja sentia-se dona das riquezas que eles portavam.

Cavaleiros templários queimando na fogueira. Iluminura do século XIV, escola francesa.

A Guerra dos Cem Anos

Em meados do século XIV, a França e a Inglaterra se envolveram em vários conflitos por disputa de território e posição econômica. Conflitos que duraram em torno de cem anos (1337-1453) devido ao grande poderio dos ingleses e à obstinada resistência dos franceses.

Essa, que foi a primeira grande guerra europeia, trouxe muitas transformações na vida social, política e econômica de toda a Europa. A França foi apoiada pela Escócia, Boêmia, Castela e pelo papado de Avignon. A Inglaterra teve por aliados os flamengos, os alemães e os portugueses.

A guerra dividiu-se em vários períodos e, em decorrência da peste negra, houve uma pausa dos dois lados; as batalhas só foram retomadas em 1356, quando a Inglaterra conquistou novas regiões. Somente em 1453, um tratado de paz é assinado entre a França e a Inglaterra, e foi encerrada a Guerra dos Cem Anos.

A imagem abaixo é uma iluminura que descreve a batalha entre ingleses e franceses em Agincourt, ao norte da França, que ocorreu em 25 de outubro de 1415, dia de São Crispim. Essa batalha foi imortalizada por Shakespeare na peça *Henrique V*. Os ingleses se orgulharam da vitória; ainda que as tropas francesas estivessem em maior número, a estratégia e a força do arco inglês acabaram por derrotar os franceses.

Henrique V ordenou que as linhas de frente fossem assumidas por arqueiros portando arcos longos. Tal manobra assustou os cavalos dos franceses, que pisotearam o campo lamacento e ficaram atolados até a barriga. A combinação da lama com o peso da armadura tornou os franceses alvos fáceis para os ingleses: cada soldado que caía na linha de frente acabava contribuindo a favor dos ingleses, que utilizavam os corpos dos inimigos mortos como barricadas.

Iluminura da Batalha de Agincourt, em 1415.

BIBLIOGRAFIA

BARGALLÓ, Eva. *Atlas básico da História da Arte*. São Paulo: Escala Educacional, 2008.

BOZAL, Valeriano. *História Geral da Arte - escultura II*. Madrid: Ediciones Del Prado, 1995.

BRANDENBURG, Erlande Alai. *La Cathédrale Saint-Denis*. França: Éditions Ouest-France - Édilarge S.A., 2007.

BUSTREO, Federica. *Gótico*. Florence: Scala Group S.p.A., 2011.

CARRADORE, Giorgio; PERATHONER, Alessandro. *Duomo Catedral de Milàn*. Itália: NOUS Publishers & Passion, 2011.

CENTRE DES MONUMENTS NATIONAUX. *A Sainte-Chapelle – Palais de la Citè*. Paris: Editions du Patrimoine, 2011.

COLONI, Marie-Jeanne. *Notre-Dame de París – Catedral testigo de la historia*. Pomezia, Roma: Éditions du Signe, 2006.

CONVERSO, Claudia. *Milán: Iglesias, Museos y Monumentos - Tesoros de Italia*. Milão: Ediciones Kina Italia/ Lego-Italy, 2012.

CRANDELL, Anne Shaver. *História da Arte da Universidade de Cambridge – A Idade Média*. São Paulo: Círculo do Livro, 1982.

EDICIONES KINA ITALIA/LEGO. *Tesoros de Italia Milàn Iglesias, Museos y Monumentos*. Milão: Edizione L.E.G.O., 2012

EDITIONS VALOIRE-BLOIS. *Chartres Guia de La Catedral*. Chartres: Editions Houvet, 2010.

EDITORA NOVA CULTURAL. *Os grandes artistas – gótico e Renascimento – Vol. 6*. São Paulo: Nova Cultural, 1991.

HAUSEN, Arnoud. *História social da Literatura e da Arte*. São Paulo: Mestre Jou, 1972.

HOUVET, Étienne. *Chartres - Guía de La Catedral*. Chartres: Ediciones Houvet, 2010.

GIANDOMENICO, R. P. Nicola. *Arte e História de Assis*. Florença: Bonechi, 2012.

GLANCEY, Jonathan. *A História da Arquitetura*. São Paulo: Edições Loyola, 2007.

GOITIA, Fernando Chueca. *História Geral da Arte – Arquitetura I*. Espanha: Ediciones del Prado, 1995.

GOMBRICH, E. H. *A História da Arte*. Rio de Janeiro: Guanabara Koogan S.A., 1993.

GOWING, Lawrence. *História da Arte – Românica e Gótica*. Barcelona: Folio, 2008.

KOSHIBA, Luiz. *História: Origens, estruturas e processos*. São Paulo: Atual, 2000.

LE GOFF, Jacques. *A Idade Média explicada aos meus filhos*. Rio de Janeiro: Agir, 2007.

LOPERA, Alvarez Jose; ANDRADE, P. Manuel Jose. *Historia Geral da Arte – pintura I*. Espanha: Ediciones Del Prado, 1995.

MAGALHÃES, Roberto de Carvalho. *O grande livro da Arte*. Rio de Janeiro: Ediouro, 2005.

MILLER, Malcolm. *Chartres La Catedral y la ciudad antigua*. Cambridge: Martin Marix Evans, 2006.

PRETTE, Maria Carla. *Para entender a arte*. São Paulo: Editora Globo, 2009.

PROENÇA, Graça. *História da Arte*. São Paulo: Ática, 2007.

SCALA GROUP S.P.A.. *Gótico*. Florence: Scala, 2011.

STRICKLAND, Carol. *Arte comentada*. Rio de Janeiro: Ediouro, 2004.

SUCKALE, Robert; WENIGER, Matthias; WUNDRAM, Manfred. *Gotico*. Colonia: Taschen, 2007.

WALTHER, Ingo F. *Obras maestras de la iluminación*. Barcelona: Taschen GmbH, 2003.

WOLF, Norbert. *Giotto*. Colônia: Taschen, 2007.

SITE PESQUISADO:

O enigma das catedrais góticas, Nat Geo. Disponível em: <http://www.youtube.com/watch?v=GE2RduIJpvE>. Acesso em: 08/07/2013.